보리피리

우동휘 시조집

보리피리

서문

최광호 | (사)한국예술문화연구원 이사장 |

 우동휘 시인의 이번 시조집 『보리피리』의 작품 세계는 깊은 사유를 바탕으로 하여 따뜻한 인간 삶의 체취를 잘 형상화하고 있다. 사물, 자연, 추억, 인연, 이별, 이웃, 가족에 대한 섬세한 통찰을 통하여 시인은 개성 있는 시선으로 시적 상황을 포착하여 읽어 내고 있다.
 이런 우동휘 시인의 시가 감동을 주는 이유는 삶에 대한 진솔한 자기 고백이 언어 이전의 삶 자체에 대한 순수한 성찰 의식으로 형상화되어 있기 때문이다. 그러기에 우동휘 시인은 그의 시 공간에서 사물이 내재한 존재론적 의미를 깊게 읽어 내고 있다.

청보리/ 익어 가는/ 오뉴월의 푸른 들판

논둑길/ 걸어가며/ 보리대롱 쏙쏙 뽑아

보리피리/ 만들어서/ 삘릴리/ 불어 볼까나.
　　　　　　　　　　 －〈보리피리〉 전문

　시를 쓰는 행위 자체가 세상의 모든 혼탁함을 정화시켜 맑은 언어로 재생시키는 데 있다고 할 때, 시의 언어는 순수한 동심의 세계에 가까울 때 가장 감동스럽다.
　우동휘 시인의 시는 순진무구한 동심의 시론을 바탕으로 하여 형상화되고 있다. 유년의 시인이 겪었던 보리 논밭의 아름다운 고향의 풍경을 그리워하고 있는 것은 시인의 의식 속에 고향이 하나의 신화로 자리 잡고 있기 때문이다.
　이처럼 시인이 고향을 그리워하고 애착을 갖는 것은 화해로운 세계에 대한 갈망에서 비롯된다 하겠다. 도시화로 인한 여러 갈등으로 뒤얽힌 현실에서 물질이 인간 정신을 지배함으로써 현대인의 인간성 상실의 상흔은 깊어만 간다. 이에 시인은 동심 회복만이 온전치 못한 오늘을 정화할 수 있다고 의지를 내보이는 것이다.

삶이란/ 하늘에 뜬/ 한 조각의 뜬구름

인연 줄/ 끊길세라/ 매달렸던 그 한 가닥

쓴웃음/ 머금고 넘는/ 서천가의/ 조각달.
―〈삶이란·2〉 전문

  시인은 성찰의식을 통해 무욕의 시정신을 보여주고 있다. 바로 자신의 삶에 대한 반성적 사유는 세속의 헛된 욕심을 버린 초월의 시정신을 읽을 수 있게 한다. 이는 시인이 추구해 온 인간 삶의 진정성을 내보이고 있어 감동스럽기만 하다.

  우동휘 시인의 이번 시조집 『보리피리』의 작품 세계는 인간 삶에 대한 따스함과 깊이를 더하고 있으며 일상의 언어를 통해 시인의 시적 상상력을 잘 형상화하고 있어 독자로부터 공감대를 이끌어 내기에 부족함이 없으리라 본다.

  이런 우동휘 시인의 작품은 인생 편력에서 얻은 시인의 거울이며 거기에서 얻은 자기성찰의 시학이라 감동스러워 머리말 몇 자 남긴다.

2012년 3월
문학공간사에서

시인의 말

　젊었을 땐 인생이 무척 길다는 생각이 들었었는데 차차 늙어 가면서 인생이 너무 짧다는 것을 깨닫게 되었다. 그러나 젊음은 두 번 다시 돌아오지 않고 세월은 나를 기다려 주지 않았다. 빈손으로 왔다가 빈손으로 가는 인생, 그동안 틈틈이 적어 두었던 시조를 모아 고원 시조집이라는 이름으로 남기고자 한다.
　내가 살아온 삶의 작은 편린들이기에 정겨운 분들과 내가 가장 사랑하는 사람들과 함께 자리를 마련하고자 시조 한 수 한 수로 사는 동안 다 하지 못했던 이야기들을 나누면서 지난날을 뒤돌아보려 한다.

2012년 봄날에
고원 우 동 휘

우동휘 시조집

보리피리

□ 서문 | 최광호
□ 시인의 말

제1부 **보리피리**

우리의 만남 —— 15
행운 —— 16
인연 —— 17
바닷가 모래알 —— 18
이별의 아픔 —— 19
에밀레종 소리 —— 20
서악사의 범종 소리 —— 21
호수 —— 22
메아리 —— 23
사라진 소리 —— 24
내 마음은 호수요 —— 25
앵두·1 —— 26
봄날은 가도 —— 27
새봄 —— 28
그대 그리운 날 —— 29
그리움·1 —— 30
그리움·2 —— 31
그리움·3 —— 32
기도 —— 33

보리피리　　　　　　　　　　　　우동휘 시조집

34 ── 그네
35 ── 보리피리
36 ── 비 오는 날의 고독
37 ── 여름 수박
38 ── 오솔길
39 ── 옹달샘
40 ── 영원한 사랑
41 ── 노송의 변

제2부 커피잔 속의 파문

45 ── 엄부의 훈육
46 ── 가을에 쓰는 편지
47 ── 시조시의 가락
48 ── 폭포수
49 ── 대도무문
50 ── 인생은 나그넷길
51 ── 옛 동무들
52 ── 그대의 눈길
53 ── 행복한 날
54 ── 외할머니 생각
55 ── 무심한 세월
56 ── 묵 묘
57 ── 홍시 사랑

선어대 용소 —— 58
잠 못 이루는 밤 —— 59
인생 여정 —— 60
커피잔 속의 파문 —— 61
삶이란·1 —— 62
삶이란·2 —— 63
기다리는 마음 —— 64
우리 사랑 영글리라 —— 65
옛 친구 —— 66
손자들의 키 —— 67
동기 동창생 —— 68
모정 —— 69
동기간 —— 70

제3부 옥매화

옥매화·1 —— 73
옥매화·2 —— 74
해바라기꽃 —— 75
가을엔 —— 76
꽃밭에서 —— 77
참사랑의 꽃 —— 78
샐비어꽃 —— 79
수련화 —— 80

보리피리 우동휘 시조집

81 —— 패랭이꽃
82 —— 행복 찾기
83 —— 다시 찾은 경복궁
84 —— 찬란한 아침 해
85 —— 가을밤 비
86 —— 민들레꽃
87 —— 등대
88 —— 그리움도 병이런가
89 —— 앵두·2
90 —— 눈 내리는 밤
91 —— 옥매화의 꿈
92 —— 백목련
93 —— 봄비는 내리는데
94 —— 입춘대길
95 —— 양란꽃 세 송이
96 —— 봄이 오는 소리
97 —— 첫눈이 오면
98 —— 섬마을
99 —— 저녁노을

제4부 찻잔에 잠긴 얼굴

103—— 파도
104—— 찻잔에 잠긴 얼굴

성소 백세대학 —— 105
법흥동 전탑 —— 106
대한민국 응원송 —— 107
흘러간 세월 —— 108
가을이 오는 길목에서 —— 109
남이섬을 찾아서 —— 110
고향 집 —— 111
옛 고향 —— 112
폭포 —— 113
책 속에 길이 있네 —— 114
세월 · 1 —— 115
세월 · 2 —— 116
깊어 가는 가을밤 —— 117
봄의 향기 —— 118
커피 한잔 —— 119
돌아오지 않는 강 —— 120
낙동강 —— 121
강촌의 가을 —— 122
홍단풍 —— 123
나의 소망 —— 124
봄동산에 올라 —— 125
고독 —— 126
고집불통 —— 127

제1부
보리피리

우리의 만남

우리의
만남은
전생의 연緣일진대

애틋한
마음으로
두 팔 벌려 맞이하리

먼 훗날
서로의 만남
고운 추억
남기고자.

행운

살다가
우연히도
살가운 이 만나면

그것이
행운인 줄
모르고서 보내 놓고

떠난 뒤
애달파한들
무슨 소용 있으랴.

인연

옷자락 스쳐 가도
인연이라 하였는데
가볍지 않는 만남
맺었던 이승인데
전생에
억겁의 연을
헤아릴 길 없어라

인간사 모두 다
인연 닿아 시작되고
이승에 연 다하면
떠난다는 그 이치를
백발 된
늘그막에야
알 듯도 하여라.

　　　　　　　－월간《문학공간》신인문학상 수상작

바닷가 모래알

제 몸에
부딪쳐서
산산이 부서지고

밀려온
파도 물에
갈고 깎여 흩어진 몸

금모래
은빛 모래알
세월처럼
쌓여 가네.

이별의 아픔

이별의
그 아픔은
눈물의 씨앗 되고

멀어진
그림자는
원망만 남기는데

서러움
떠나간 자리
사랑가도
멀어지네.

에밀레종 소리

천 년의
혼을 담아
서라벌을 지키다가

에밀레
울음 울어
골골마다 다니면서

억만겁
세월 흘러도
어미 찾는
울음이여.

서악사의 범종 소리

태화봉
앞자락에
아늑하게 자리 잡고

저녁놀
드리우면
범종 소리 은은한데

수도승
염불 소리만
끊어짐이
없어라.

호수

내 마음
호수 되어
잔 여울로 쉬고파라

밤에는
별님 달님
모두 와서 함께 놀고

낮에는
물고기 떼들
숨바꼭질
즐기겠지.

메아리

산마루
올라서서
두 손 모아 소리치니

먼 산이
맞받아서
화답하여 돌아오네

메아리
산을 넘으며
여울져서
퍼져 가네.

사라진 소리

도시의
변두리에
높이 솟은 아파트촌

단풍잎
떨어지는
가을이 깊어 가도

귀뚜리
우는 그 소리
사라진 지
오래일세.

내 마음은 호수요

내 마음
잔잔한
호수이고 싶어라

물새들
떼 지어
놀다 가는 낙원 되게

오늘노
산들바람은
잔물결을
스쳐 간다.

앵두 · 1

한낮에
햇살 품고
푸른 잎새 숨어 앉아

진홍의
입술연지
바르고 고쳐 발라

고운 빛
붉은 정열로
임의 품에
안기리.

봄날은 가도

따사한
햇살 뒤로
봄날은 밀려가고

무성히
우거지는
한여름 찾아오면

꿈엔들
잊혀지리까
보고팠던
동창생.

새봄

눈 쌓인 산골짝 물
조잘대는 소리 놀라
잠 깨어 눈뜬 햇살
꼬챙이 집어 들고
응달진
잔설 동토를
여기저기 찔러 본다

아지랑이 건너오는
섶다리 둔덕 올라
발아래 나는 기척
놀라서 굽어보니
연둣빛
가녀린 새싹
인사하네 반갑다고.

―월간《문학공간》신인문학상 수상작

그대 그리운 날

영산홍
꽃잎보다
더 붉게 그리운 맘

비 그친
산허리에
안개처럼 피어나고

유년에
품었던 그 정
그리움만
남았어라.

그리움 · 1

비 온 뒤
드리워진
영롱한 무지개여

그토록
고운 빛깔
아름답게 뻗쳤으니

마음속
새겨진 고독
그 정한을
어이하리.

그리움 · 2

눈 위에
손을 얹고
애타게 기다려도

먼 산에
사슴처럼
목 늘여 참는 울음

가슴속
묻어 두었던
그대 이름
외워 본다.

그리움 · 3

잊었던
생각들이
못 견디게 싹이 트면

세월을
헤매다가
문득문득 떠오를 때

그 누가
아픈 이 마음
쓰다듬어
달래 줄까.

기도

옷깃을
여미우고
두 손을 합장하고

공들여
비는 마음
축생의 이생 시름

못 버린
원망 하나로
에이 나다
이 가슴이.

　　　　　　　　－월간《문학공간》신인문학상 수상작

그네

동구 밖
느티나무
그넷줄 매어 놓고

아가씨
다홍치마
맵시 나게 차려 입고

두둥실
하늘 끝까지
올라가려
하느냐.

보리피리

청보리
익어 가는
오뉴월의 푸른 들판

논둑길
걸어가며
보리대롱 쏙쏙 뽑아

보리피리
만들어서
삘릴리
불어 볼까나.

　　　　　　　　　　—제1회 계관문인상 수상 시조

비 오는 날의 고독

세차게
쏟아지는
빗속을 걷다 보면

우산은
있었지만
온몸은 비에 젖고

가슴속
아련한 고독
멍이 들어
남는구나.

여름 수박

윤칠월
삼복지간
찜통더위 이겨 보려

얼음에
은쟁반에
화채 그릇 찾는구나

두어라
숟가락으로
떠먹음이
제격일세.

오솔길

내 고향
오솔길은
솔바람이 시원한 곳

봄 여름
가을철엔
온갖 들꽃 피고 지고

그 오솔길
내 사랑과
걷고 싶네
손잡고.

　　　　　　　　　　　－제1회 계관문인상 수상 시조

옹달샘

태화봉
향나무 밑에
옹달샘 하나 있지

육이오 땐
피난민들
식수원이 되었는데

지금
그 옹달샘엔
산새들이
목욕하네.

—제1회 계관문인상 수상 시조

영원한 사랑

다 함께
가는 길은
명사십리 금모랫길

사뿐히
즈려밟고
저 고개를 넘어 볼까

저 언덕
피안 그 너머
행복 낙원
있을 테지.

노송의 변

눈 얹어 머리 이고
생채기 쓸어안고
하루를 열흘같이
한평생 지났건만
바람에
쓰러진다고
뿌리마저 베려 하나

푸른 잎 빛을 잃어
황엽으로 변한다고
가지를 모두 잘라
나목으로 만들어서
버팀목
기대 세워서
외진 뒤뜰 버려 두네

앙상한 가지 뻗어
허공을 휘저으며

지난날 붙잡으러
안간힘을 다하건만
옛 살던
정겨운 산천
꿈길마냥 멀어지네.

    ―월간《문학공간》신인문학상 수상작

제2부
커피잔 속의 파문

엄부의 훈육

 찬 서리 내린 한길 맨발 벗고 뛰라 하네
 초등학교 일학년 때 일이었지 먼동이 틀 무렵 잠 덜 깬 맏아들 깨워 회초리 들고 호령하시며 당신께서 수행하시던 그 방식대로 강인한 인생길 터주시고 가업 가통 지키라는 교훈, 육 남매 맏아들 된 죄업 하느라 대표로 꾸지람도 수없이 들었었지 천신만고 일으키신 가업 물려주신 다음 내실외형 번듯하게 만든 모습 보시고는 흐뭇해하셨는데, 이생 전수 다하시어 떠나시기 전 경황 정신 혼미하셔 매듭짓지 못하신 일 이내 몸이 바로잡을 여유도 없는 사이 육영 사업 반석 위에 올려놓는 과정인데 사사로이 한 일 없었어도 법리 이론 추상 같아 뒷방 노인 되었어라 훗날에 저승 가서 모골이 송연하여 무슨 말을 여쭈리까
 엄부의 참사랑 교훈 가통 가업 지킴인데.

가을에 쓰는 편지

드높은
가을 하늘
들국화 꽃향기 모아

정성껏
쓰신 편지
정인에게 띄우고자

다 못한
말 남겨 두고
그리는 정
적었어라.

시조시의 가락

유려한
음률 풀어
물 흐르듯 읊어 내니

시조시
초중종장
정감 어린 흐름이여

온 세상
사연을 얽어
가락으로
엮었네.

폭포수

높은 산
절벽 바위
끝자락에 걸린 폭포

뒷물에
밀고 밀려
소리치며 떨어지고

흰 비단
허공에 풀어
용소 물에
서리네.

대도무문

대도는
문이 없다
성현들이 말했는데

좁은 문
하도 많아
오늘에도 맞는 건지

일자리
바늘구멍 문
대도무문
간데없다.

인생은 나그넷길

인생은
정처 없어
홀로 왔다 홀로 가니

한평생
희로애락
셀 수 없이 겪으면서

해거름
안식 찾아서
떠도는
선남선녀.

옛 동무들

고향 집
뒷동산에
밤나무 그늘에서

서로들
어울려서
술래놀이 옛 동무들

빛바랜
사진첩 속엔
추억만이
남았어라.

그대의 눈길

당신의
눈동자가
내 눈 속에 머물 때면

정겨운
눈길들은
사랑으로 승화됐고

언제나
우리 참마음
하나 되길
바랐어라.

행복한 날

당신과
함께한 날
언제나 행복했지

푸른 별
바라보며
가슴은 설레었고

이 마음
수놓은 사랑
당신밖에
없었다오.

외할머니 생각

질화로
숯불 담아
알밤 구워 주신 정성

긴긴밤
동지섣달
들려주신 옛이야기

지금도
귓가에 쟁쟁
외할머니
그리워.

무심한 세월

무심한
세월 따라
나날이 늙어 가니

뒷동산
함께 놀던
동무 생각 그리워

오늘도
밤하늘에는
은하수만
흐르네.

묵 묘

칡넝쿨
우거진 골
양지 바른 산기슭에

초라한
무덤 하나
반쯤은 허물어져

묘비도
상석도 없이
잔솔나무
숲이로세.

홍시 사랑

사랑도
익어 가면
홍시처럼 농익을까

사람도
늙어 가면
홍시 맛을 닮아 갈까

늙음도
세월 지나면
달디단 맛
되어질까.

선어대 용소

명주실
한 꾸러미
다 풀어도 모자랐고

강변의
백사장은
개구쟁이 천국 되어

어린 꿈
영글어 가던
추억 어린
선어대.

잠 못 이루는 밤

하늘엔
잔별들이
하나 둘 잠드는 밤

풀벌레
울음소리
이 한밤을 지새는데

내 마음
저 하늘 어디
엮어 낼까
단꿈을.

인생 여정

아직도
한여름은
내 곁을 맴도는데

깊숙한
골짜기엔
서늘함이 드리워도

여태껏
남은 여정은
저만치서
머무르네.

커피잔 속의 파문

차 한잔
마시다가
잔 속에 잠긴 사연

세상사
편린들로
일렁이는 지난날

그 향기
아련히 퍼져
지친 숨결
잠재우네.

삶이란 · 1

가슴에
밀려드는
환희의 이 순간을

얼마나
기다리며
살아온 세월인가

연속된
시행착오로
애간장만
태우면서.

삶이란 · 2

삶이란
하늘에 뜬
한 조각의 뜬구름

인연 줄
끊길세라
매달렸던 그 한 가닥

쓴웃음
머금고 넘는
서천가의
조각달.

기다리는 마음

다가선
봄소식에
이내 마음 두근거려

커피잔
가던 손길
그도 또한 따사로워

봄소식
매화 꽃향기
내 가슴에
안겨 온다.

우리 사랑 영글리라

낙동강
큰 물줄기
굽이치며 흘러가듯

하많은
사연들이
차곡차곡 쌓였으니

세상사
서려진 연륜
우리 사랑
영글리라.

옛 친구

아련히
생각나는
옛 친구 그리는 밤

오늘도
그때처럼
밤안개는 깔리는데

네 잎의
클로버 찾던
그 옛 친구
그리워.

손자들의 키

옛날엔
나의 키도
그런대로 크다 했지

아들 키
내 키보다
한 뼘만큼 더 커졌고

손자 키
아들보다
커졌다네
훨씬 더.

동기 동창생

육십 전
십오 소년
한자리에 다 모였네

달마다
동기회 날
고대하는 이 즐거움

추억담
파안대소는
젊은 그날로
돌아가네.

모정

북풍 한설
몰아치던
엄동설한 그 아침에

덧버선
치마폭에
감싸 들고 쫓아오신

어머님
그 고운 자정
꿈속인들
잊으리.

동기간

한 뿌리
뻗어 나와
한몸처럼 살았어라

어버이
살았을 땐
동기라고 불렀는데

부모 연緣
끊어진 다음
원수지간
되는 건가.

제3부
옥매화

옥매화 · 1

교정에 은행잎이
황금으로 물들 때
쌍갈래 땋은 머리
옥매화를 닮았어라
첫눈에
담아 두고서
긴긴 세월 못 잊어

황혼녘 인생 고희
우연히 해후하니
그 시절 추억들이
어제인 듯 되살아나
잊었던
아련한 추억
그 시절을 못 잊어.

옥매화 · 2

봄바람
노을 안고
뒷담장 찾아들 때

홍조 띤
옥매화의
꽃망울 부여잡고

가만히
귀 기울이면
들려주는
봄소식.

해바라기꽃

새싹이
돋아날 때
큰 기대는 없었지만

한여름
뙤약볕을
온몸으로 받으면서

꽃 쟁반
커다란 송이
늦가을에
풍년이네.

가을엔

나뭇잎
가지마다
울긋불긋 풀어낼 때

찬 이슬
소맷자락
스산하게 스며들면

잊었던
옛 친구 생각
새록새록
떠올라.

꽃밭에서

꽃밭에
온갖 꽃들
어여쁨을 다투는데

따리아
앞장서서
꽃 가족들 자랑하고

가을이
하늘에 닿으면
이 한 해의
꿈을 접는다.

참사랑의 꽃

당신이
뿌려 놓은
참사랑의 그 꽃 씨앗

싹트고
꽃이 피니
대견도 하여이다

사랑의
꽃다발 안고
임 마중을
가려 하오.

샐비어꽃

융단을
깔아 놓고
초록 빨간 수를 놓아

고궁 앞
마당가에
정성스레 펼쳐 놓고

새파란
하늘 밑에서
연분홍 꿈
영근다.

수련화

설 자리
가림 없어
진흙 뻘도 마다 않고

청초한
꽃잎들을
공들여서 매만지며

세월이
가져가 버린
첫사랑 임
기다리네.

패랭이꽃

비탈진
양지 녘에
수줍은 꽃 이파리

그늘에
숨을 듯이
살그머니 고개 들다

열일곱
어여쁜 얼굴
누가 볼까
숙이네.

행복 찾기

눈으로
안 보이고
손으로도 안 잡히니

모두들
하나같이
방황하는 행복 찾기

내 곁에
가까이 두고
먼 길로만
헤맨다.

다시 찾은 경복궁

오백년
한 서린 꿈
치마폭에 감싸 안고

한 많던
구중궁궐
숨소리도 죽였어라

오늘이
그때라 하면
임 사랑도
쉬울 것을.

찬란한 아침 해

아침 해
눈부시게
동산 위에 올라서면

종달새
보리밭에
이랑 골라 집을 짓고

내 마음
푸르른 꿈도
기지개를
켜리라.

가을밤 비

스산한
바람 불며
가을밤 비 내리는데

우산을
들었어도
옷 가랑이 다 젖는다

차라리
우산을 접고
비 맞음도
운치로세.

민들레꽃

돌담장
양지 쪽에
다소곳이 피고 지며

길 가는
나그네가
못 보고 밟았지만

끈질긴
그 생명력은
다음 해를
기약한다.

등대

어둠과
적막이 싫어
내 몸을 불태운다

비바람
몰아치는
망망대해 길을 밝혀

길 찾는
조각배 한 척
나를 보고
땅 밟으리.

그리움도 병이런가

고독이
짙어지면
그리움 사무치고

내 마음
고갱이에
파고드는 이 허전함

가슴속
묻어 두고서
한 올 두 올
풀어낼까.

앵두 · 2

해말간
붉은 입술
눈부신 봄 숫처녀

오월의
햇살 먹은
영롱한 진주 보석

알알이
가슴에 품고
임 반기는
붉은 사랑.

눈 내리는 밤

소담한
함박눈이
남모르게 내리는 건

옛 사랑
못 잊어서
수줍게 땅에 앉아

지난날
첫사랑 만나
회포 풀려
함이네.

옥매화의 꿈

살 에는
추위에도
봄기운을 품었어라

사군자
절개 지켜
엄동설한 견뎌 내고

선비님
창가에 기대
봄노래를
부르리라.

백목련

고결의
상징인가
화사하게 피어난 꽃

밋밋한
가지 끝에
백옥 같은 꽃봉오리

봄 햇살
임 마중하고
꽃잎마다
활짝 웃네.

봄비는 내리는데

창밖에
사륵사륵
봄비는 내리는데

처마 밑
서성이는
내 마음도 함께 젖어

그 옛날
떠나가 버린
고운 벗을
못 잊어.

입춘대길

담 너머
봄 전령사
가지 끝에 매달렸고

가랑비
소리 없이
잔디밭을 적시는데

소슬 문
커다란 문엔
입춘대길
먼저 왔네.

양란꽃 세 송이

수줍게
고개 내민
세 줄기의 양란 꽃대

설한풍
차가웠던
지난겨울 잘 견디고

봉오리
살포시 들고
봄소식을
알려 주네.

봄이 오는 소리

실개천
여울물이
소근대며 흘러가고

시냇가
버들개지
반쯤 벌어 반기는데

산 너머
양지 마을엔
꽃소식이
벌써 오네.

첫눈이 오면

그리움
저 산 넘어
정처 없이 달려가고

정겨운
옛 친구가
툭툭 털고 올 것 같아

담 너머
발자국 소리
방문 열고
나가 보네.

섬마을

바지락
캐다 말고
아픈 허리 잠시 쉴 때

육지로
나가신 임
오실 때도 되었건만

한 글자
소식도 없어
이 가슴은
멍든다네.

저녁노을

서산에
지는 노을
불길처럼 번지는데

만선의
배 한 척은
어촌으로 바삐 오고

성급한
초저녁 별이
노을 딛고
올라선다.

제4부
찻잔에 잠긴 얼굴

파도

온몸을
내던지며
솟구치는 물굽이여

절벽에
부딪쳐서
부서지는 포말이여

시련을
헤쳐 보려는
내 마음을
닮았어라.

찻잔에 잠긴 얼굴

달빛 찬
찻잔 속에
흐릿하게 비친 얼굴

고희를
넘긴 얼굴
주름살만 늘었구려

꿈처럼
흘러가 버린
옛 추억이
그리워.

성소 백세대학

백세를 건강하게
살겠다는 신념으로
성소 백세대학 찾아
칠십 노인 모두 모여
흥겨운
건강 댄스로
새 인생을 살아가네

목요일 오후 두 시
대강당에 가득 모여
회춘의 건강 강좌
정성으로 배워 익혀
몸과 맘
건강 백세로
즐겁게 살아 보세.

법흥동 전탑

임청각
담장 너머
칠 층 전탑 자리했네

신라국
통일 기념
법흥사와 함께 세워

옛 절터
자취도 없고
낡은 탑만
남았구려.

대한민국 응원송

오 필승
코리아
대한민국 짜작짜 작짜

월드컵
이천이년
대한민국 응원 노래

북받쳐
뜨겁던 가슴
뻗어 가는
한류 세계.

흘러간 세월

밤하늘
반짝이는
수많은 별을 세며

팔베개
하고 누워
옛 일들을 더듬는데

흘러간
그 세월이여
돌이킬 수
없음이여.

가을이 오는 길목에서

가을이
다가서는
단풍 드는 길목에서

고독한
이 마음에
무슨 꿈을 엮으려나

저 멀리
황혼 노을이
손 흔들고
떠나는데.

남이섬을 찾아서

호명산
기슭 따라
청평호 펼쳐 있고

숲길 가
한편에는
외로운 장군 묘비

한 서린
남이 장군 넋
어느 누가
달래 주리.

고향 집

골목길
돌아서면
이끼 없은 돌담장 길

사립문
들어서면
버선발로 내려서며

외손자
반겨 주시던
외할머니
그리워.

옛 고향

산자락
돌아서면
희뿌연 굴뚝 연기

앞개울
여울물에
고기 잡던 그 추억

송아지
어미젖 찾아
음매음매
울었었지.

폭포

달 속에
항아들이
쏟아붓는 옥구슬이

허공에
부서지며
물보라를 일으켰나

오색의
쌍무지개가
찬란하게
피어난다.

책 속에 길이 있네

책에는
모든 길이
사통팔달 뻗어 있어

어느 길
갈건 가는
그 마음의 키 높이니

노소를
분별치 말고
가다 보면
알게 되지.

세월 · 1

쓰다가
낡아지면
버리는 게 물건인데

인간도
늙어지면
내치는 게 세상 인심

늙으면
온갖 설움을
다 느끼며
사는 건지.

세월 · 2

봄빛이
꿈길 따라
서산을 넘어가고

바람이
건듯 불어
영을 넘어가듯이

쉴 틈도
없이 떠난
그 세월이
무정해.

깊어 가는 가을밤

하늘이
높아지면
귀뚜라미 슬피 울어

스산한
가을바람
소매 끝에 스며들면

잊었던
첫사랑 연인
아스라이
생각난다.

봄의 향기

개나리
피어 있는
돌담장 돌아가다

한 가지
꺾어 들고
봄이 오는 소리 듣네

내 마음
봄날이 되어
젖어 보는
이 향기여.

커피 한잔

커피잔
앞에 놓고
옛 추억을 더듬는데

보고픈
친구 생각
새록새록 피어올라

꿈길은
저 강물처럼
깊어 가는
낭만이여.

돌아오지 않는 강

간밤에
흘러간 물
어드메쯤 머무는가

세상사
숨은 얘기
주고받고 하겠지만

그 옛날
스쳐 간 물은
돌아올 줄
모르고녀.

낙동강

칠백 리
물길 이어
굽이돌아 흘러가고

대교 위
철길 따라
저녁 열차 달리는데

석양 진
백사장에는
물새들이
집을 찾네.

강촌의 가을

낙엽이
흩날리는
강둑에 홀로 서니

하나 둘
산촌 불빛
서러움에 잠겨 있고

저마다
삶의 무게만
짊어지고
사라지네.

홍단풍

너는 왜
이른 봄에
붉은 옷을 입었느냐

초록빛
고운 옷은
어디에다 버려 두고

새빨간
불을 지피어
파란 봄을
태우느냐.

나의 소망

지나온
나의 삶이
한 편의 시가 되고

마음속
내 상처가
한 권의 책이 되면

백 년을
꼬박 새워도
다 써낼지
몰라라.

봄동산에 올라

들녘에 아지랑이
아른아른 피어나고
실개천 시냇물은
조잘대며 흐르는데
산새들
노랫소리는
정답게 들려오네

하늘가 저 산 너머
흰 구름이 흘러가고
봄꽃들 봉긋봉긋
속삭이며 반기는데
잠자던
새싹들마다
흙더미에 손 내미네.

고독

내 고독
서산 너머
피어오른 뜬구름

뜨거운
마음으로
젊은 날을 태웠지만

추억은
아름다운 꽃
먼 훗날을
수놓으리.

고집불통

늙으면
온갖 노욕
다 버리고 살라던데

옹고집
근심 걱정
모두 혼자 품고 사니

아서라
서산 낙조에
홍조 띨까
두렵네.

보리피리

발행 | 2012년 4월 16일
지은이 | 우동휘
펴낸이 | 김명덕
펴낸곳 | 한강출판사
홈페이지 | www.mhspace.co.kr
등록 | 1988년 1월 15일(제8-39호)
주소 | 서울시 종로구 인사동 131번지 파고다빌딩 408호
전화 735-4257, 734-4283   팩스 739-4285

값 9,000원

ISBN 978-89-5794-215-4 04810
ISBN 978-89-88440-00-1 (세트)

※저자와의 협약에 의해 인지는 생략합니다.
※잘못된 책은 바꾸어 드립니다.